Indice

CONTENIDO

Dedicatoria...	01
Agradecimientos...	02
Consejos Proféticos...................................	03
El Secreto de Fluir en lo Profético............	09
Filtros...	15
Los Profetas Multiplican Todo...................	19
Ejercicios para Desarrollar lo Profético....	26
La Mente y el Profeta.................................	34
Secretos Proféticos....................................	42
Secreto Profundo de un Profeta................	50
Los Profetas y los Pastores.......................	54
El Mundo de los Sueños............................	57
Secretos de los Milagros y enfermedades.	63
Activando lo Profético................................	68

Dedicatoria

Dedico este libro con todo mi corazón a mi amigo el Espíritu Santo.

A las dos perlas de mi alma: mis hijos Jonathan Santos y Eliel Santos.

También dedico este libro a mis hermosos abuelos Rómulo Díaz y Nidia Díaz.

A la dueña de mi corazón Kiara Santos, y a la que me trajo al mundo Mayra Diaz.

Los amo con todo mi corazón y todo mi ser!!!

Prólogo

Secretos proféticos es un libro escrito de una manera sencilla, para que el lector pueda comenzar a profundizar en el ambiente profético.

En este libro, encontrarás detalles como filtros proféticos, cómo escuchar la voz de Dios, y algunos otros tópicos que serán de bendición para tu vida.

Prepárate para tener un encuentro con la unción profética.

CAPITULO I
Consejos Proféticos

Comenzaré por aclararte algo de suma importancia a cerca de lo profético; es uno de los dones más atacados y uno de los ministerios más perseguidos, sobre todo por la mente religiosa. Satanás está preso en una profecía; por eso odia lo profético.

El apóstol Pablo dedica largos párrafos acerca del don profético, pero la mente religiosa quiere imponerle a los creyentes que los profetas no existen y que supuestamente llegaron hasta Juan el Bautista, usando un versículo de las escrituras completamente descontextualizado.

Citan el libro de Lucas capítulo 16 versículo 16, pero este texto contiene un contexto que no debemos de ignorar. A lo que se refiere este texto es a los profetas mesiánicos, o sea que los que profetizarían acerca del Mesías llegaron hasta Juan.

Esto no quiere decir que no hay profetas de oficio en este tiempo; todo lo contrario, no solamente gozamos del don profético sino que también hay profetas de oficio.

CAPÍTULO I

En las congregaciones donde se ignora el llamado profético suceden cosas similares; una de las cosas que encontrarás en estas congregaciones es la falta de identidad en los miembros; también encontrarás el temor de profetizar negocios, prosperidad y ciertos ministerios nunca serán profetizados en estas congregaciones. Otro de los peligros que encontrarás en estas congregaciones es la falta de liberación; muchas personas estarán atadas y con una mente lacerada por la falta de revelación y por callarle la boca a los profetas de dicha congregación.

Si vas a servirle al Señor, debes de ser realista y conocer la diferencia entre los dos mundos: el mundo espiritual y el mundo de la materia. En el mundo de la materia necesitamos ciertas cosas para vivir y Dios mismo está interesado en que comprendas esto. Por ejemplo, quisiera hacerte una pregunta: si amas a tus hermanos en la congregación, no te gustaría que ese hermano tuyo o esa familia a la que amas tuviese un hogar propio???; si el amor de Cristo está en ti te pregunto: no te gustaría que esos hermanos a los que amas tuvieran un carro que no se les rompa en el camino y que pueda trabajar y llegar a la iglesia sin problema ninguno???.

CAPÍTULO I

Si amas a esos hermanos, no te gustaría que en vez de qué fueran empleados donde los maltratan, no te gustaría más bien que ellos fueran dueños de una empresa???. Quiero que viajes a tu interior y profundices en estas preguntas que debes de hacerte. Por qué te estoy planteando esto??? escudriñemos estas frases juntos...

Hay un espíritu perseguidor de los profetas y de lo profético; este espíritu es el espíritu de Jezabel. Este espíritu se encuentra tanto en mujeres como en hombres y sabe cómo opacar lo profético en los seres humanos y exclusivamente en las congregaciones. Hay frases manipuladoras que pueden generar en ti una línea de pensamiento incorrecta, por ejemplo, los profetas de hoy regalan carros y regalan casa; vuelvo a hacerte una pregunta: ¿y cuál es el problema si un profeta te profetiza una casa, un carro o te profetiza prosperidad?; te das cuenta de el peligro de usar esta frase?. Con esto no estoy justificando el mal uso de un don, pero te estoy aclarando que tampoco debes de adoptar este pensamiento porque el Dios que tú y yo le servimos si está interesado en prosperarte y si está interesado en que tú puedas vivir una vida sobrenatural y poderosa en la tierra.

CAPÍTULO I

Si eres Pastor y quieres tener una iglesia propia necesitas dinero; si eres misionero y quieres abrir un comedor para alimentar a los pobres, necesitas dinero; para que una iglesia tenga buenos equipos para la adoración se necesita dinero; para que un ministro esté a tiempo completo buscando el rostro del Señor se necesita dinero. Dejemos la ignorancia de atacar lo que realmente necesitamos. Una cosa es el amor al dinero y otra es entender que necesitamos lo monetario para expandir el Reino de los cielos en la tierra; y lo profético es una de las llaves para abrir los cielos a favor de un hombre en la tierra y de una congregación y traer lo sobrenatural sobre nuestras vidas.

Por eso a ti que estás leyendo esto, se te abrirán los ojos de una manera sobrenatural al leer este libro, porque el Espíritu de Dios por revelación me envió a escribir este libro y te voy a revelar un misterio: cuando Adán y Eva comieron del fruto que Dios no querían que comiesen, sus ojos fueron abiertos. Aquí hay un secreto poderoso; cuando tú comes de un fruto tus ojos se abren, por esto mientras leas este libro y comas del fruto espiritual que el Espíritu de Dios trae a través de estas líneas, tus ojos serán abiertos y si eres profeta, te conectarás con tu llamado; y si

CAPÍTULO I

eres un ministro profético, también te conectarás con la unción profética y comenzarás a tener visiones y revelaciones sobrenaturales de parte del Espíritu de Dios.

Hagámosle la guerra al espíritu de Jezabel que quiere callarle la boca a los profetas. Hay un secreto que te voy a revelar en estas líneas. El espíritu de Jezabel se tira por la ventana, esto significa los ojos. Los ojos de un profeta se constituyen en la boca de Dios. Quiero que le prestes atención a esto; ¿por qué los ojos del profeta son la boca de Dios?, porque cuando un profeta te mira y te observa, ahí desciende la revelación. Cuando un hombre profético te mira, Dios le abre la boca, entre tanto que el espíritu de Jezabel hará que las personas que necesitan una palabra no miren con honra a un profeta, y cuando tus ojos deshonran a un profeta es posible que Dios no le de al profeta la revelación para ti. Donde a Jesús lo miraban como un simple carpintero, lo sobrenatural no descendía; más donde lo veían como el Mesías y como el Ungido, descendía el poder de Dios. Echemos a Jezabel por la ventana; en pocas palabras comienza a instruir a tus miembros para que miren el don profético con honra y miren a los profetas con la honra que se merecen a través de las Escrituras.

Secretos Proféticos

CAPÍTULO I

Muchos pastores se enfocan en mencionar a los falsos profetas, pero mis amados, para que exista algo falso es porque existe algo verdadero. Todavía hay profetas genuinos; hombres temerosos del Espíritu Santo y que hablan porque Dios les hace hablar.

Recordemos al profeta Eliseo en tiempos de una gran hambruna en Samaria, a causa de la opresión de los sirios, donde el profeta guiado por Dios, no solamente declara la liberación, sino también la prosperidad de la gente en aquella ciudad.

> *Entonces dijo Eliseo: Escucha el mensaje del Señor! Esto dice el Señor: "Mañana, a esta hora, en los mercados de Samaria, siete litros de harina selecta costarán apenas una pieza de plata y catorce litros de grano de cebada costarán apenas una pieza de plata".*
>
> 2 Reyes 7:1

CAPITULO II
El Secreto de Fluir en lo Profético

En este capítulo vas a obtener una de las claves más importantes para fluir en lo profético. Cómo te explicaba en el primer capítulo, el espíritu de Jezabel ha hecho un trabajo fino para perseguir lo profético y a la misma vez matarlo en las congregaciones. Una de las estrategias de este espíritu, es establecer la inseguridad y el temor en el corazón de los profetas y de los ministros proféticos.

Amado lector, por favor quiero que abraces este principio que te voy a regalar; debes de eliminar de tu alma y de tu corazón el temor a equivocarte cuando profetizas; esto que te estoy explicando es la clave más poderosa para fluir en lo profético. No temas a equivocarte; todos cuando comenzamos a profetizar cometemos errores y nos equivocamos.

El espíritu de Jezabel se ha encargado en crear temor para cuando te equivoques dejes de profetizar, sientas inseguridad y las personas que te rodean comiencen a menospreciarte, pero es todo lo contrario,

CAPÍTULO II

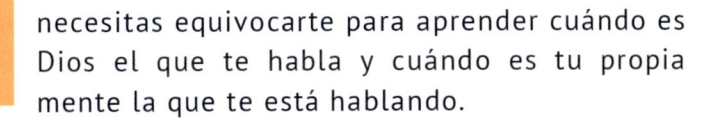

necesitas equivocarte para aprender cuándo es Dios el que te habla y cuándo es tu propia mente la que te está hablando.

Por favor desecha esa enseñanza diabólica de qué si eres Profeta no te puedes equivocar. Es todo lo contrario vas a aprender equivocándote; los profetas más certeros que puedas conocer te van a decir lo mismo. Si ellos son honestos te dirán cuántos errores cometieron en el camino y cuántas profecías fallaron, sin embargo hoy en día pueden llamar a personas por nombres y profetizar detalles porque vencieron el temor.

Por esto cuando leas este libro, se quedará una enseñanza en tu alma y es la de desechar las palabras de estos ministros que quieren sembrar lo negativo en ti para que no fluyas. Por ejemplo, puedes escuchar una frase negativa como: !yo nunca he visto en la Biblia un profeta equivocarse, los profetas no se equivocan!. Lo que ellos no te van a decir es que en la Biblia se habla de las escuelas de profetas y que en estas escuelas se enseñaban secretos y misterios de lo profético, y por supuesto que los alumnos cometían errores. No te dejes engañar por estos ministros, aprende equivocándote.

CAPÍTULO II

Se que mientras lees estas líneas, algo estará ardiendo dentro de tu alma y es porque está resucitando lo profético, porque necesitabas escuchar esto !!!aprende equivocándote!!!.

En los comienzos todos cometemos errores; por ejemplo, cuando Samuel escuchó la voz de Dios, fue corriendo donde el sacerdote Eli. Samuel creía que era Elí quien lo llamaba y una de las claves que quiero que entiendas en este libro es que Dios puede usar la voz de tu padre espiritual, para guiarte. Lo cierto es que en esa ocasión no era a través del padre espiritual sino que Samuel se equivocó varias veces, necesitando entender que Dios mismo quería hablar con Samuel.

Analicemos el texto:

1 Samuel 1:1-9
Reina-Valera 1960

Jehová llama a Samuel
1 El joven Samuel ministraba a Jehová en presencia de Elí; y la palabra de Jehová escaseaba en aquellos días; no había visión con frecuencia.
2 Y aconteció un día, que estando Elí acostado en su aposento, cuando sus ojos comenzaban

CAPÍTULO II

EL SECRETO DE FLUIR EN LO PROFÉTICO

a oscurecerse de modo que no podía ver, 3 Samuel estaba durmiendo en el templo de Jehová, donde estaba el arca de Dios; y antes que la lámpara de Dios fuese apagada, 4 Jehová llamó a Samuel; y él respondió: Heme aquí. 5 Y corriendo luego a Elí, dijo: Heme aquí; ¿para qué me llamaste? Y Elí le dijo: Yo no he llamado; vuelve y acuéstate. Y él se volvió y se acostó. 6 Y Jehová volvió a llamar otra vez a Samuel. Y levantándose Samuel, vino a Elí y dijo: Heme aquí; ¿para qué me has llamado? Y él dijo: Hijo mío, yo no he llamado; vuelve y acuéstate.7 Y Samuel no había conocido aún a Jehová, ni la palabra de Jehová le había sido revelada. 8 Jehová, pues, llamó la tercera vez a Samuel. Y él se levantó y vino a Elí, y dijo: Heme aquí; ¿para qué me has llamado? Entonces entendió Elí que Jehová llamaba al joven. 9 Y dijo Elí a Samuel: Ve y acuéstate; y si te llamare, dirás: Habla, Jehová, porque tu siervo oye. Así se fue Samuel, y se acostó en su lugar.

Si analizamos, la actitud de Eli es la que deberíamos de tener los profetas o los ministros proféticos; Eli no le dijo a Samuel estás emocionado; tampoco le dijo te has equivocado varias veces; más bien entendió por el Espíritu que el muchacho estaba escuchando la voz de Dios.

Secretos Proféticos

CAPÍTULO II

No somos quien para matar el deseo profético en una persona; más bien deberíamos de enseñarle a la gente como fluir en lo profético, si es que la persona tiene el don de parte de Dios. No seamos asesinos de lo profético; más bien seamos maestros que guíen a otros a fluir en este hermoso don.

A ti amado lector, quiero regalarte un consejo: si quieres fluir en lo profético o deseas saber si Dios te ha llamado para esto, busca ser guiado por un profeta o por alguien profético; jamás le prestes tu oído a hombres que no conocen lo profético ni tienen la unción profética sobre ellos, porque el consejo que te van a dar no será correcto.

Debes de huirle a la manipulación. Hay congregaciones donde apagan fuertemente el don profético de las personas, siembran un temor en la mente de los ministros que fluyen en este don y por eso sin darse cuenta lo van apagando. Cuando el don no se usa se apaga, por esto Pablo le dice a Timoteo aviva el fuego del don de Dios que hay en ti. El verdadero ministro siempre avivará ese fuego y ese don en ti. El Ministro manipulador hará todo lo contrario; él apagará el don que hay en ti. Por esto sin temor equivocarme, te aconsejo si estás en una congregación

Secretos Proféticos

CAPÍTULO II

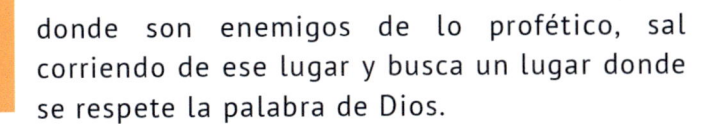

donde son enemigos de lo profético, sal corriendo de ese lugar y busca un lugar donde se respete la palabra de Dios.

Ten aliados que amen y honren el mover profético para que puedas crecer y desarrollarte en el don que has recibido de Dios.

CAPITULO III
Filtros

Éste capítulo tres te mantendrá con deseos de seguir leyendo este libro. Quiero decirte que en este libro me voy a atrever a hablar cosas que aprendí en escuelas de profetas, cuyos nombres no deseo revelar.

Una de las cosas que noté en las escuelas de profetas, es que la mayoría de los profetas no te revelan todos sus secretos, si no algunos de ellos, lo cual no veo mal y entiendo por qué lo hacen, pero en mi ser hay algo que arde de parte de Dios para revelar lo que otros profetas no desean hacer; y en este capítulo te voy a revelar filtros proféticos.

Uno de los filtros que debes de usar como profeta, para saber si es Dios el que te está hablando, es conocido en el mundo profético como el filtro del deseo. ¿Qué significa esto del filtro del deseo?: nosotros sabemos la intención por la cual hacemos las cosas.

Si el deseo por el cual quieres darle una palabra una persona es para brillar para que se te abran puertas para que tu ministerio brille, este deseo te está dejando saber que

CAPÍTULO III

FILTROS

no es Dios quien te está mandando a profetizar; por ende el filtro del deseo te está dejando saber que estás en peligro y puedes caer en adivinación en vez de profetizar por el Espíritu.

Otro filtro que deseo impartirte, es conocido entre los profetas como el filtro de la palabra.

1 CORINTIOS 14:3 "Pero el que profetiza habla a los hombres, para edificación, exhortación y consolación".

El Profeta de esta generación o del nuevo pacto usa el filtro de la edificación exhortación y consolación; Estas tres palabras son más profundas de lo que nos imaginamos; cada una de ellas encierra un campo muy profundo. No quiere decir que te vas a encerrar en las tres palabras como tal, si no que debes de profundizar realmente en el significado que tienen en el mundo profético.

El tercer filtro que deseo impartirte es el filtro del corazón. Esta revelación no la aprendí de ningún profeta sino que el Espíritu de Dios me la dio mientras escribía el libro. Prepárate para recibir un filtro poderoso.

Si estás profetizando para brillar, no estás agradando a Dios.
El centro de la profecía es el amor a las vidas.

Secretos Proféticos

CAPÍTULO III

FILTROS

El Profeta debe de procurar tener un corazón limpio. Los profetas en el antiguo testamento no recibían regalos después de profetizar; más bien lo recibían antes; ¿por qué los profetas hacían esto?, por el filtro del corazón. El profeta no iba a corromper su don, pero, si el profeta sabía que la magnitud del regalo era dependiendo de la profecía, podía corromper su corazón y profetizar algo que emocionara a la gente para que le dieran un gran regalo. Este filtro es importante que lo mantengas en tu mano; nunca le profetices a nadie por lo que puedas recibir de esa persona; siempre profetiza sabiendo que tu recompensa viene del Señor.

El filtro del corazón, es un filtro muy importante, porque tendrás hijos espirituales los cuales tendrás que sacar de tu corazón cuando el Espíritu de Dios te ordene profetizar sobre ellos. Si no limpias tu corazón puedes cometer errores graves como profeta por causa del amor hacia un hijo espiritual; me explico...

1 SAMUEL 16:1
Y el Señor dijo a Samuel: ¿Hasta cuándo te lamentarás por Saúl, después que yo lo he

CAPÍTULO III

desechado para que no reine sobre Israel? Llena tu cuerno de aceite y ve; te enviaré a Isaí, el de Belén, porque de entre sus hijos he escogido un rey para mí.

Este Profeta cuando fue a buscar a David, por poco comete graves errores porque su corazón estaba turbado. Cuando el corazón del profeta se turba, usa más los ojos que el oído. Este Profeta buscaba en los hermanos de David un prototipo como el de Saúl y el Señor lo tuvo que corregir y decirle: "yo lo que veo es el corazón". Aquí está el filtro del corazón.. Dios siempre pesará nuestros corazones...

Otros filtros serán revelados en el segundo tomo de este libro

CAPITULO IV
Los Profetas Multiplican Todo

Esta revelación que el Espíritu Santo me dio, cambió mi vida para siempre. Un profeta me profetizó de qué escribiría este libro y que la unción del Espíritu Santo vendría sobre mi cabeza y me iba inspirar profundamente. Después de esta profecía, así lo he estado viviendo mientras escribo el libro.

Esta revelación cambiará tu vida. Mientras hablaba con un amigo y ministro del Señor, Roberto Mercado, él me testificaba de su visita en República Dominicana a casa de mi padre espiritual el profeta y pastor Jesús Manuel Maldonado. El Ministro me testificó que le entregó una ofrenda en las manos a mi padre espiritual y luego de entregarle la ofrenda firmó contrato por un negocio donde se le duplicó la ofrenda que le entregó a Jesús Manuel. Mientras él me testificó esto, la voz de Dios vino sobre mi y me dijo: los profetas multiplican todo; inmediatamente le exclamé al varón: !hermano mío, Dios me acaba de dar una revelación profunda!, y le expliqué lo que el Espíritu de Dios traía a mi mente y los dos quedamos impactados.

CAPÍTULO IV

El profeta de Dios carga una dimensión de multiplicación; es parte de la unción profética. Tú como profeta debes de entender que cargas una unción para multiplicar las cosas, y aún los que no son profetas deben de entender esto, porque si ellos honran a un profeta, reciben honra de profeta, o sea esa unción de multiplicación cae sobre ellos.

Mateo 10:41-42
41 El que recibe a un profeta por cuanto es profeta, recompensa de profeta recibirá; y el que recibe a un justo por cuanto es justo, recompensa de justo recibirá. 42 Y cualquiera que dé a uno de estos pequeñitos un vaso de agua fría solamente, por cuanto es discípulo, de cierto os digo que no perderá su recompensa.

El profeta Eliseo en una ocasión derramó esta unción en casa de una mujer Sunamita; esta mujer honró a Eliseo profundamente. Primero le dio alimento y luego preparó una habitación para él y su criado. Este nivel de honra abrió los cielos sobre ella y su casa; la unción de multiplicación se manifestó. La mujer no podía tener hijos y el profeta Eliseo

CAPÍTULO IV

le profetizó que cargaría un niño en sus brazos: la familia comenzó a multiplicarse. Prepárate porque sé que cuando leas este capítulo tomarás muy en serio esta revelación de la multiplicación.

Analicemos este siguiente relato bíblico que nos muestra que los profetas todo lo multiplican:

1 Reyes 17:8-24
Reina-Valera 1960

"Elías y la viuda de Sarepta
8 Vino luego a él palabra de Jehová, diciendo:9 Levántate, vete a Sarepta de Sidón, y mora allí; he aquí yo he dado orden allí a una mujer viuda que te sustente. 10 Entonces él se levantó y se fue a Sarepta. Y cuando llegó a la puerta de la ciudad, he aquí una mujer viuda que estaba allí recogiendo leña; y él la llamó, y le dijo: Te ruego que me traigas un poco de agua en un vaso, para que beba. 11 Y yendo ella para traérsela, él la volvió a llamar, y le dijo: Te ruego que me traigas también un bocado de pan en tu mano. 12 Y ella respondió: Vive Jehová tu Dios, que no tengo pan cocido; solamente un puñado de harina tengo en la tinaja, y un poco de aceite

CAPÍTULO IV

en una vasija; y ahora recogía dos leños, para entrar y prepararlo para mí y para mi hijo, para que lo comamos, y nos dejemos morir. 13 Elías le dijo: No tengas temor; ve, haz como has dicho; pero hazme a mí primero de ello una pequeña torta cocida debajo de la ceniza, y tráemela; y después harás para ti y para tu hijo. 14 Porque Jehová Dios de Israel ha dicho así: La harina de la tinaja no escaseará, ni el aceite de la vasija disminuirá, hasta el día en que Jehová haga llover sobre la faz de la tierra. 15 Entonces ella fue e hizo como le dijo Elías; y comió él, y ella, y su casa, muchos días. 16 Y la harina de la tinaja no escaseó, ni el aceite de la vasija menguó, conforme a la palabra que Jehová había dicho por Elías."

Una clave importante de este relato es el poner por obra la palabra profética; por eso es importante reconocer a los profetas porque una vez que reconoces un profeta genuino, entenderás la importancia de caminar por obra en la palabra que el profeta te dé. Aquella mujer fue e hizo exactamente como el profeta le indicó y el milagro se manifestó en su casa, trayendo liberación y multiplicación. Nunca olvides la importancia de obrar en la palabra profética.

CAPÍTULO IV

En una ocasión Jesús untó lodo en los ojos de un ciego y luego le dijo ve y lávate. Dios hizo su parte y el ciego tuvo que hacer la otra. Uno de los errores comunes que vemos en las personas que no conocen lo profético, es echarle toda la carga al profeta y nunca ocuparse ellos en obrar en la palabra profética.

Jesús también obraba como Profeta, por eso multiplicaba las cosas. Cuando el pueblo tuvo hambre y necesidad, Jesús multiplicó los panes y los peces. Le pedí al Señor que todo el que lea este libro y honre lo profético, se le multiplique todo lo que tiene.

Observemos este próximo relato poderoso que alimentará más el conocimiento de la multiplicación del profeta.

2 Reyes 4
Reina-Valera 1960

"El aceite de la viuda
4 Una mujer, de las mujeres de los hijos de los profetas, clamó a Eliseo, diciendo: Tu siervo mi marido ha muerto; y tú sabes que tu siervo era temeroso de Jehová; y ha venido el acreedor para tomarse dos hijos míos por siervos. 2 Y Eliseo le dijo: ¿Qué te haré yo?

CAPÍTULO IV

LOS PROFETAS MULTIPLICAN TODO

Declárame qué tienes en casa. Y ella dijo: Tu sierva ninguna cosa tiene en casa, sino una vasija de aceite. 3 Él le dijo: Ve y pide para ti vasijas prestadas de todos tus vecinos, vasijas vacías, no pocas. 4 Entra luego, y enciérrate tú y tus hijos; y echa en todas las vasijas, y cuando una esté llena, ponla aparte. 5 Y se fue la mujer, y cerró la puerta encerrándose ella y sus hijos; y ellos le traían las vasijas, y ella echaba del aceite.6 Cuando las vasijas estuvieron llenas, dijo a un hijo suyo: Tráeme aún otras vasijas. Y él dijo: No hay más vasijas. Entonces cesó el aceite. 7 Vino ella luego, y lo contó al varón de Dios, el cual dijo: Ve y vende el aceite, y paga a tus acreedores; y tú y tus hijos vivid de lo que quede."

Aquí hay un secreto y una clave importante que debemos de prestarle atención; esta mujer conocía misterios espirituales, por eso le reclama a Eliseo y le dice: "tu siervo mi marido ha muerto". Esta mujer está reclamando un principio espiritual, en pocas palabras ella le está diciendo, mi marido te honraba a ti. Ella sabía que la unción de la multiplicación que manaba de Eliseo caería sobre su casa; esta unción fue tan fuerte que la multiplicación le alcanzó para pagar sus deudas y para vivir con sus hijos el resto de su vida.

Secretos Proféticos

CAPÍTULO IV

Mi deseo es que tú que lees esto, conquistes esta dimensión y si eres profeta, donde quiera que te honren, ésta unción de multiplicación se manifieste.

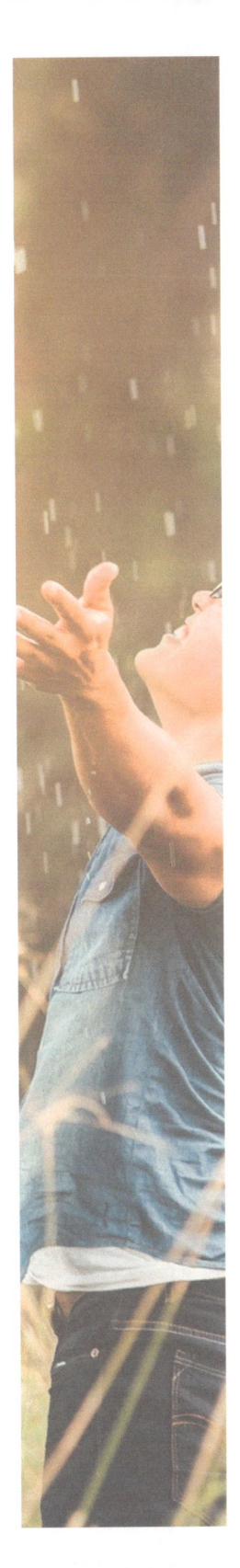

CAPITULO V
Ejercicios para Desarrollar lo Profético

Recuerdo en mis comienzos cuando me interese por escuchar la voz de Dios, le preguntaba a los ministros que me rodeaban y nadie me daba una respuesta que me convenciese; esto provocaba en mí una gran tristeza ya que mi hambre era genuina; deseaba escuchar la voz de mi Señor.

En ese momento, yo no comprendía que estaba rodeado de personas que realmente estaban en contra de las escuelas proféticas. Eran mis comienzos en el evangelio, y me estaba congregando en una iglesia donde no se honra lo profético aunque aparentemente dicen que sí.

Una vez que comienzas a madurar en los caminos del Señor, puedes discernir donde realmente se honra lo profético y donde realmente hay sabiduría para enseñar e instruir a los demás sobre cómo escuchar la voz de Dios.

Al pasar el tiempo escuché sobre las escuelas de profetas y esto despertó en mí una inquietud enorme; mi corazón saltaba de

CAPÍTULO V

alegría porque sabía que había encontrado el lugar correcto.

Recuerdo con mucha claridad que en mi primera clase, la unción profética fue tan fuerte que hice un acto de fe, que en ese momento no entendía que era revelación del cielo. Estaba solo en mi habitación, mi esposa estaba en la cocina mientras comencé hablar en lenguas escuchando al profeta que impartía la clase; agarré un poco de aceite y lo coloqué en mis manos, fui directamente a mi cama y puse mis manos en la parte donde duerme mi esposa, y recuerdo que le dije al Señor: Señor muéstrame tu gloria; mi esposa estaba en la cocina y no sabía lo que yo había hecho; me senté nuevamente a escuchar la clase, ya que no era una clase presencial sino que la estaba recibiendo por la computadora. Unos minutos después ella entró al cuarto e inmediatamente ella se sentó en la parte de la cama donde puse mis manos con aceite y comenzó hablar lenguas y a llorar; en ese momento el Espíritu Santo me trae una cita bíblica a mi mente y recuerdo que la vi en forma de imagen; fui corriendo a la Biblia a buscarla. No recuerdo cuál fue esa cita bíblica pero sí recuerdo que fue algo que nos ministró a mi esposa y a mí.

CAPÍTULO V

Ser instruido por un profeta es algo hermoso y algo muy necesario. Si aplicamos los ejercicios proféticos, podremos desarrollar la audición en el mundo espiritual.

. Lo primero que deseo impartirte en este momento, es que lo profético es como un músculo debes de ejercitarlo. Para esto, es necesario que te dé una explicación para también arrancar de tu corazón enseñanzas falsas que no te permiten practicar y ejercitar lo profético.

Las personas religiosas y enemigos de lo profético te dirían que los ejercicios proféticos son adivinación; esto es completamente falso. Adivinación sería si estás usando un medio que no sea Dios para comunicarte con el mundo espiritual, pero cuando tú practicas y ejercitas los dones hablando con Dios, esto no es adivinación; esto es simplemente un hijo de Dios con hambre de crecer y pidiéndole a Dios que en su misericordia y su gracia nos haga crecer para ser efectivos en el ministerio.

Debes de tener estos puntos muy claros, de lo contrario vas a tomar a mal los ejercicios y no los harás con la postura correcta, y esto no provocará nada en tu vida.

Secretos Proféticos

CAPÍTULO V

Uno de los ejercicios que debes de practicar es el siguiente: Cuando oras por las personas, dile al Señor que traiga a tu mente citas bíblica; en ocasiones quizás Dios no te dé la cita bíblica con números y el nombre del Libro, pero si te puede traer a la mente un relato bíblico.

Por ejemplo, un ejercicio que puedes hacer es buscar una hermana de tu iglesia que no conozcas para nada su vida personal; me explico mejor, una hermana que tú no sabes si tiene hijos, comienza a orar por ella y le dices al Espíritu Santo que te hable por la palabra, cuál es la necesidad que ella tiene. Pudiese ser que Dios te traiga por ejemplo a la mente el relato de la mujer que le dice a Jesús que tiene una hija endemoniada en la casa. Si este relato viene a tu mente, es posible que el Espíritu de Dios te esté diciendo que ella tiene una hija y te está mostrando a la misma vez la condición espiritual de la hija. También puede darse el escenario donde te muestre un relato bíblico con el nombre de una mujer, por ejemplo, como Ana; en este caso es posible que Dios te esté dando el nombre de la hija o te está diciendo que tiene una hija y al mismo tiempo mostrándote que es mujer. Este es un ejercicio que puedes empezar a practicar.

EJERCICIOS PARA DESARROLLAR LO PROFÉTICO

Secretos Proféticos

CAPÍTULO V

Algunos profetas ya mayores que conocí en el camino, impartieron un conocimiento poderoso que te voy a regalar en este libro. Para abrir tus ojos espirituales debes de entender que Dios usa su palabra. Hay un libro en la Biblia que le abre los ojos espirituales a los profetas y ese libro, es el libro de Daniel. Comienza a leer el libro de Daniel y saborea cada escenario sobrenatural que encuentres en este libro; por ejemplo, como Daniel oro y Dios le reveló el sueño que tuvo el rey sin que el mismo rey le contase lo que había soñado. Cuando tú lees esto puedes entrar a una dimensión donde Dios comienza usarte para orar por las personas y decirle a las personas soñaste esto, esto, esto y lo otro, y las personas pueden responderte confirmando que así fue el sueño.

Amado lector, esto que estás leyendo es algo que abrirá un nuevo capítulo en tu vida profética; no todo el mundo imparte sus conocimientos. Cuando el profeta imparte la enseñanza, él contiene una unción específica para que las personas entren a esa dimensión. Posiblemente tú lees el libro de Daniel una y otra vez y nada iba acontecer en tu vida, pero a la vez que un profeta te dice léelo ahora pidiéndole a Dios que te abra los ojos; al respetar la enseñanza del profeta, irás a leerlo

Secretos Proféticos

CAPÍTULO V

con otra expectativa y Dios lo usará para abrirte los ojos.

Otro ejercicio que puedas aplicar es el siguiente: Cuando nosotros estamos impartiendo lo profético, puedes agarrar un hermano de confianza que ama también lo profético y hacer un ejercicio como este. Cada uno de ustedes escriba un nombre en un papel y comienza orar para que Dios te dé el nombre; repito esto no es adivinación, esto es ejercitar el don. Nada tiene que ver con dicha práctica. A veces vas a experimentar que Dios no te da el nombre pero te puede dar la letra inicial del nombre. Esto también es algo poderoso porque puedes estar algún día orando por alguien y le puedes decir veo a alguien en tu casa que su nombre empieza con "J" por ejemplo, con el cual Dios tiene un plan y las personas quedarán impactada por el don profético.

Voy a revelar otro ejercicio que parece una locura. Un profeta mayor me enseñó este secreto; él comenzaba a oler flores y a oler perfumes que tuvieran nombres comunes; le pregunté por qué hacía esto y me contestó: si yo conozco el olor de una rosa y un día estoy orando en una iglesia por personas que no conozco y me le paro frente a una mujer y

CAPÍTULO V

EJERCICIOS PARA DESARROLLAR LO PROFÉTICO

comienzo a oler el olor de una rosa, ya yo sé que el nombre de la mujer es Rosa. esto me impactó porque entendí que el profeta no solamente escucha en el mundo espiritual y no solamente ve en el mundo espiritual; el profeta también puede oler en el mundo espiritual.

Estando en un viaje en Puerto Rico orando en una casa, todos lo que estábamos orando pudimos percibir la presencia de un ángel y ese día a todos se nos abrió el olfato espiritual y pudimos oler la fragancia que desprendía ese ángel; esto es algo real. Ejercita el olfato espiritual, busca flores que tengan nombres que le pongan a las personas y perfumes también; esto Dios también lo puede usar. Recuerda que Dios usará en ti lo que tú conoces. Por ejemplo, para llamar a personas por nombre quizás no tienes que aprenderte los nombres de las personas pero debes de aprenderte el abecedario porque a la vez que te sabes el abecedario, Dios arma el nombre en tu mente y te lo da.

Dios también puede usar marcas de carro para traer un nombre. Recuerdo ver un profeta pararse frente a una mujer y decirle veo un carro marca Mercedes; esto quiere decir que tu

CAPÍTULO V

nombre es Mercedes; y recuerdo que la mujer comenzó a llorar y a gritar porque ese era su nombre.

Otro ejercicio que puedes practicar es buscar apellidos que existan y que tengan figura de estructuras. Por ejemplo, existe el apellido Castillo, apellido Palacio y algunos apellidos que tienen que ver con estructuras humanas; es posible que un día estés orando por alguien y a tu mente venga la imagen de un castillo y Dios te de esta forma te está diciendo: llama a la familia Castillo.

Otro ejercicio poderosísimo que puedes hacer es salir a las calles y preguntarle humildemente a las personas, en una tienda o en un supermercado ¿me dejas orar por ti?; ora por ellos pero en tu interior le pides al Señor que te muestre algo personal, para que sea impactada con una palabra y pueda venir a los pies del Señor. Recuerda siempre que los dones los usamos para que las personas queden impactadas y entiendan que Dios tiene algo con ellos. Nunca usamos el don para exhibirnos a nosotros mismos.

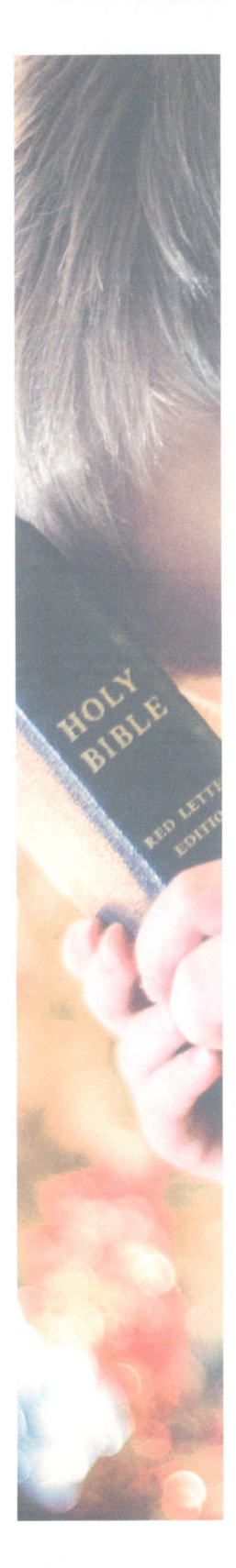

CAPITULO VI
La Mente y el Profeta

En este capítulo deseo impartirte algo muy serio; realmente se podría tomar un libro entero o varios libros para hablar de la mente a través de las escrituras de Dios, pero trataré de ser lo más efectivo posible en estas cortas páginas, para que se quede en ti, el corazón de esta idea.

La palabra del Señor dice que lo que se ve fue hecho de lo que no se veía. Cuando un ser humano va a construir algo, primero es un pensamiento y luego la persona construye lo que pensó. Por ejemplo, un carpintero en la mente ve una mesa, luego la diseña y la hace con sus manos. Todo comienza con un pensamiento; por eso Jesús aclara que un adulterio no es solamente llevar a una persona a la intimidad, sino que en tus pensamientos ya puedes haber adulterado.

El profeta de Dios debe de cuidar excesivamente su mente. El apóstol Pablo por ejemplo, revela en la palabra de Dios, un ejercicio espiritual acerca de la mente y del cuidado de la misma.

CAPÍTULO VI

LA MENTE Y EL PROFETA

Filipenses 4:8
En esto pensad
8 Por lo demás, hermanos, todo lo que es verdadero, todo lo honesto, todo lo justo, todo lo puro, todo lo amable, todo lo que es de buen nombre; si hay virtud alguna, si algo digno de alabanza, en esto pensad.

Dentro de estas escrituras que el Espíritu Santo hizo que Pablo escribiese, encontramos todo lo puro. El profeta debe de ser honesto consigo mismo y debe de identificar cuando no tiene una mente pura o cuando su mente está dejando de ser pura. Por esto, es que los profetas, aunque no lo dicen o aunque no lo revelan, son atacados en los más altos niveles, mentalmente hablando.

En una ocasión conocí un profeta de los más profundos que jamás he conocido, y él constantemente sufre de pensamientos que lo llevan a la depresión; no te estoy hablando de cualquier profeta, estoy hablando de un hombre qué pasa días en ayuno en el monte y tiene un don de ciencia muy fino de llamar gente por nombre y con detalles. Sin embargo, este hombre sufre de este tipo de pensamientos.

CAPÍTULO VI

Uno de los enemigos más grandes de los profetas es el espíritu de perversidad y para ser más claro, todo lo que tiene que ver con la sexualidad. En esta generación por ejemplo la pornografía.

Una vez que el enemigo logra sembrar en tu mente la pornografía, vas a sentirte muerto en el espíritu. La persona profética tiene una exigencia muy fuerte de parte del Espíritu Santo; por esto es que cuando falla, se siente sucio mucho más que una persona que no es profética. Aunque el Espíritu Santo siempre redarguye a sus hijos, creo firmemente que el profeta es redargüido de una manera más severa.

Te revelo un secreto para cuidar tu mente: cuando un pensamiento de perversidad te visite la mente, tienes siete segundos para eliminarlo; si el pensamiento persevera más de siete segundos, corres el peligro de que comience a echar raíces y luego te haga pecar.

Esto que te estoy revelando en este capítulo es de suma importancia. El orgullo de muchos profetas los lleva a callar sus batallas personales, pero el Señor me llamó para mostrarle esta generación las debilidades de

CAPÍTULO VI

los ministros y de esta manera cuando te sientas débil, entenderás que no eres el único y que así como otros hombres han sido débiles y se han levantado, tú también lo puedes.

Recuerdo que en mis comienzos, mis batallas sexuales en la mente eran tan fuertes que yo le decía a todos los profetas que me rodeaban, que el Señor me iba a llevar a muy temprana edad. Sinceramente pensé que nunca iba a vencer esa mentalidad, hasta que un profeta me ministró y me dijo: tú no morirás joven; veo un ministerio en ti poderoso y me dijo las siguientes palabras: tú te estás viendo ahora, pero ya Dios te vio terminado. También me dijo: cuando Dios te llamó sabía todas las veces que le ibas a fallar, así que resiste que un día no tendrás la misma mentalidad y serás más fuerte.

Deseo confesarte que esto me costó años; tal vez a ti te va a costar años dependiendo de donde Dios te sacó y de cuantas puertas abriste en el pasado al pecado, pero te tengo noticia profeta, tendrás una mente pura donde podrás resistir los dardos que el enemigo te quiera lanzar.

CAPÍTULO VI

La mente de un Profeta guarda muchos secretos, por eso es que es importante mantener la mente pura. El profeta viaja con la mente; escucha este secreto: el profeta se transporta de un lugar a otro con la mente; por esto si tu mente no está pura, puedes cometer muchos errores porque hay bloqueos e interferencias para ver con claridad.

Para que me entiendas mejor acerca del secreto de la mente de un profeta, encontramos en la palabra de Dios lo siguiente:

2 reyes 5-26
Entonces él le dijo: ¿No iba contigo mi corazón, cuando el hombre se volvió de su carro para encontrarte? ¿Acaso es tiempo de aceptar dinero y de aceptar ropa, olivares, viñas, ovejas, bueyes, siervos y siervas?

Cuándo el profeta le dice no iba contigo mi corazón, está hablando de la mente. El profeta vio en su mente todo el escenario. El cuerpo del profeta estaba en la casa pero viajó con la mente hacia donde estaba el criado. La mente de un profeta es poderosa en Dios.

CAPÍTULO VI

LA MENTE Y EL PROFETA

En la mente de un profeta se le puede revelar la mente de las demás personas. Presta atención a este secreto.

Jesús sabía los pensamientos que tenían acerca de él; cuando Jesús discernía la mente de los que los rodeaban, rápidamente tomaba una decisión. Si lo querían matar, Jesús se desaparecía.

En la mente del profeta, Dios puede depositar lo que otros piensan de él; por eso debes de tener la mente pura y esto tiene que ver con un corazón puro, para que Dios te revele que hay otro ministro hablando mal de ti u otro ministro o un hermano haciéndote la guerra a tus espaldas. Debes de tener el corazón puro, porque Dios sabe que si deposita en ti esa información y no estás preparado, te puede hacer daño e incluso tú puedes reaccionar de una manera incorrecta y hacerle daño a aquellos que te hacen la guerra.

Por esto, si tienes la mente sana al igual que el corazón, el Espíritu de Dios te trae la información de la persona que te quiera hacer daño y por cuanto tu mente es pura, también caminarás en sabiduría y sabrás qué hacer con

CAPÍTULO VI

con la información que se depositó en tu mente.

Por ejemplo Dios te puede mandar a hablar con la persona para sacarla del error o incluso Dios te puede decir quédate tranquilo que te voy a defender.

Estos son niveles muy profundos en el área profética. No todos los profetas caminan en esta dimensión, donde se le revela las intenciones de los corazones de los demás.

La mente del Profeta debe de estar llena de la palabra de Dios, porque la palabra de Dios es el mismo Jesús; por esto el apóstol Pablo dice "más vosotros tenéis la mente de Cristo".

El Profeta no debe de vacilar con esto. El profeta debe de tener la mente de Cristo. Cuando el profeta desarrolla y tiene la mente de Cristo, ve las cosas desde una manera distinta a como la ven los demás. Por esto Jesús decía: para que se cumpliese lo que profetizó el profeta tal.

El mismo Jesús le dice a Jerusalén: "tú que matas los profetas". Si tienes la mente de Cristo, caminarás fuertemente en lo profético

Secretos Proféticos

CAPÍTULO VI

y podrás identificar donde matan lo profético.

El Profeta que entiende lo que es tener la mente de Cristo, quiere siempre hacer la voluntad del Padre en la tierra y recibir revelación del Espíritu Santo para acercar a las personas a Dios.

Amado Profeta cuida tu mente, que es cuidar tu corazón, porque de él mana la vida. La vida del profeta está en cuidar el corazón.

CAPITULO VII
Secretos Proféticos

Muchos profetas esconden secretos acerca de cómo Dios los usa. En este capítulo te voy a revelar uno de ellos, a lo que los profetas le llamamos señal profética.

Debes de orarle a Dios y pedirle si está en su voluntad el poner en ti una señal profética.

Este conocimiento lo adquirí a través de un profeta con mucha experiencia el cual me lo impartió. Cada vez que él va a llamar a alguien, sobre la cabeza de las personas él ve una flecha; cuando él ve esto entiende que debe de llamar a la persona. A veces no sabe ni por qué la va a llamar pero con sólo ver la flecha entiende que la revelación vendrá después.

Otros profetas escuchan sonidos antes de profetizar; algunos escuchan ruido como de aguas; otros escuchan un viento; otros sienten fuego en el pecho o en el brazo. Lo importante es que tú identifiques la señal profética que Dios depositó en ti.

CAPÍTULO VII

Pídele al Señor alguna señal y tal vez el Señor la ponga en ti, y así identificarás cuando Dios te va a usar en lo profético.

Te quiero hablar acerca del secreto sobre la voz de Dios. Lo que voy a explicar a continuación, muchos no lo van a entender e incluso podrían tratar de contradecirme y refutar esta enseñanza, pero te aseguro que te voy a hablar algo bien profundo acerca de la voz de Dios. El ser humano se mueve por sentimientos y emociones las cuales te han acompañados desde que naciste hasta el día de hoy; es decir, sin haber estudiado acerca de las emociones y los sentimientos ya usted los conoce; sabes lo que es sentirse triste o sentirte alegre. ¿Porque te estoy diciendo esto?, porque una de las maneras en la que Dios nos habla es a través de las emociones y los sentimientos. ¿Por qué el Señor hace esto?, porque cuando nos habla en la mente, nosotros tendremos que analizar la palabra y podemos hasta cambiarla, más cuando nos habla a las emociones, al sentir tienes una claridad de lo que Dios te quiere mostrar.

Recuerdo cuando fui comprar mi casa, no sabía dónde Dios me quería, ni cuál era la casa que debía de comprar; recuerdo que fui a varias casas como todo comprador para verla

CAPÍTULO VII

por dentro y observar si era la correcta, y cada vez que llegaba una casa, una tristeza se apoderaba de mi pecho. En ese momento entendía por el Espíritu, que Dios me estaba hablando y me estaba dejando saber que esa no era la casa; eso también es la voz de Dios.

Quiero que comprendas lo siguiente: para Dios hablarte no tiene que hablar, Dios no es humano; el Señor nos habla en dimensiones profundas, también como esta que te acabo de revelar.

Otro secreto profético que necesito que le prestes mucha atención y que te recomiendo comiences a practicar es que, cada vez que Dios te inquiete a dar una palabra a alguien con un carácter de emergencia, es decir que la persona necesita una palabra urgentemente, préstale atención a lo que tú sientes en tu cuerpo; muchas veces cuando Dios quiere darle una palabra a alguien de emergencia, nosotros experimentamos un sentir fuerte; puede ser que se te apriete el pecho con el fuego de Dios y el Señor te está dejando saber que hay una emergencia. Sólo te estoy poniendo un ejemplo tú debes de identificar sobre cuál es la señal que Dios ha puesto en ti.

CAPÍTULO VII

Otro secreto que aprendí acerca de lo profético, me lo enseñó una hija espiritual, quien lo escuchó en un hogar donde estaban hablando de un profeta. A esto, dicho profeta le llama ayuno de los sentidos. Nosotros los seres humanos tenemos cinco sentidos y, así también funciona en el mundo espiritual. Este profeta se encierra a buscar el rostro del Señor en una habitación oscura con el fin de no ver nada pero también no pone música ni nada que cause algún ruido; de esta manera, él está durmiendo sus sentidos humanos para que se despierten los sentidos espirituales.

Este ejercicio es algo poderoso ya que nosotros los profetas sabemos porque a Dios se le hace más fácil hablarle a las personas en sueño. El motivo por el cual Dios nos habla en sueños es porque cuando estamos durmiendo, también duermen nuestros sentidos humanos y es más fácil depositar su voz en nuestro interior.

Otro secreto es entender la fuerza que proviene del Espíritu para ayudarnos en diferentes situaciones; una de ellas puede ser en el perdón. A veces vas a estar orando y te viene a la mente perdonar a alguien; el profeta entiende cuando llegó el momento de

CAPÍTULO VII

perdonar y buscar a esa persona porque hay una fuerza de parte de Dios para pedir perdón. Si ignoras esto puedes quedarte con esa falta de perdón y lo profético se verá afectado en tu vida.

Salmos 25 -14
Los secretos del SEÑOR son para los que le temen, y El les dará a conocer su pacto.

Como profeta nunca debes de perder el temor a Dios. Si vas a predicar a un lugar o tienes alguna actividad, no fuerces el don. Esto es muy peligroso; si haces esto puedes abrir puertas a espíritus inmundos a que te atormenten y tengan legalidad sobre ti. Hay profetas que pierden el temor de Dios y se ponen a llamar nombres que Dios no les dio con tal de impresionar. Nunca pierdas el temor a Dios y serás un profeta efectivo. El don es quien te lleva de la mano a ti; tú no llevas de la mano al don.

1 Corintios 2-9
sino como está escrito: Cosas que ojo no vio, ni oído oyó, Ni han entrado al corazón del hombre, son las cosas que Dios ha preparado para los que le aman.

CAPÍTULO VII

Esto parece simple pero no lo es, de hecho es lo más difícil. La base de este evangelio es el amor y el Espíritu Santo sabe quien verdaderamente tiene amor y quien no. Si te esfuerzas por tener un corazón que ama, se va a cumplir la cita bíblica que acabo de compartirte. Dios va a revelarte cosas profundas porque le amas.

Otro secreto profético es recibir de personas, aunque las veas en un nivel inferior a ti. Jesús de Nazaret se dejó bautizar por Juan el Bautista y al momento los cielos abrieron. Cuando el profeta pierde la humildad, los cielos no se le abren de la manera que Dios quisiera hacerlo. Puede fluir en el don e incluso creer que está fluyendo profundamente pero si dejas de practicar la humildad, perderás mucho más de lo que deberías de estar experimentando.

Los dos sentidos que más el ser humano usa son la visión y el oído; en esto hay un secreto profético fuerte. Dios nos habla a través de visiones y también nos habla a través de palabras. Cuando estés en oración dile al Señor: amplía mi visión espiritual y mis oídos espirituales.

CAPÍTULO VII

El secreto de las alianzas:

Las Águilas vuelan con las Águilas. Es importante que aprendas a discernir en el espíritu a quien te debes unir y a quien no. cuando Saúl se encontró con la compañía de profetas, fue mudado a otro hombre. Hay uniones y alianzas que te van a elevar a otro nivel espiritual. No compartas con todo el mundo de una manera íntima. Sólo hazlo con las personas que portan algo poderoso de parte del Señor y te pueden elevar al nivel que Dios demanda de ti.

El secreto de la demanda:

Habacuc 3:19
Jehová el Señor es mi fortaleza,
El cual hace mis pies como de ciervas,
Y en mis alturas me hace andar.

Cada profeta siente una demanda en su alma de parte de Dios y dicha demanda tiene que ver con la altura diseñada para ti. El secreto del profeta está en caminar en esa altura. Cuando nos descuidamos y descendemos de ese nivel, no seremos lo mismo; por esto es importante que respondas a la intensidad de tu llamado y a la altura para la que fuiste diseñado a caminar.

CAPÍTULO VII

Secreto de andar liviano:

Los profetas maduros comprenden la importancia de tener una vida saludable y esto tiene que ver con la alimentación y el ejercicio. Podemos ver en la vida de Juan el Bautista que tenía una dieta estricta. Los profetas con experiencia tienen una frase que dicen: estómago liviano profetiza mucho más que estómago pesado. Esto es una gran realidad que muchos no hablan, pero la alimentación correcta y mantener una vida liviana te hará ser más profundo en el ámbito profético. No descuides tu alimentación; no vayas a predicar a los cultos con el estómago lleno; trata siempre de andar liviano y verás la diferencia.

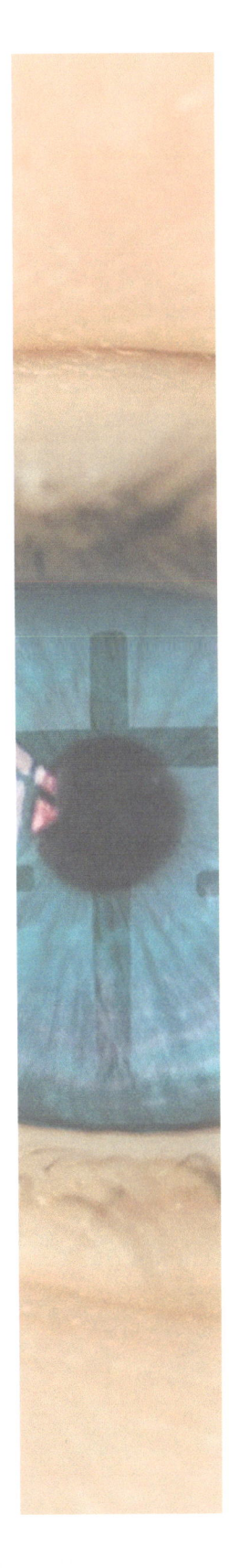

CAPITULO VIII
Secreto profundo de un profeta

En mi experiencia en lo profético, he visto como muchas personas se pierden la bendición de recibir una impartición a través de un profeta de Dios. El profeta posee una autoridad sobrenatural delegada de Dios, aún para abrirle los ojos espirituales a una persona que nunca ha podido ver en el mundo espiritual.

Observemos el siguiente relato bíblico:

2 reyes 6-17
Eliseo entonces oró, y dijo: Oh Señor, te ruego que abras sus ojos para que vea. Y el Señor abrió los ojos del criado, y miró, y he aquí que el monte estaba lleno de caballos y carros de fuego alrededor de Eliseo.

Si observamos bien lo que aconteció en este escenario, no dudaríamos de la bendición que se puede obtener a través de un profeta de Dios. En mi trayectoria como ministro he escuchado exclamaciones como: Dios me iba a llevar ahí como quiera. Amados, dejemos el orgullo a un lado y honremos la dimensión que portan otras

CAPÍTULO VIII

personas. Si el profeta no clama a Dios para que aconteciese lo sobrenatural sobre este hombre, sus ojos espirituales no hubiesen sido abiertos. Este clamor fue tan extraordinario que no sólo se le abrieron los ojos espirituales sino que también vio lo mismo que el profeta estaba viendo. ¿Leíste bien lo que acabo de decir? vio lo mismo que el profeta estaba viendo.

Un profeta puede llevarte a dimensiones profundas, pero esto que te estoy enseñando es atacado y muy mal visto entre las mentes religiosas. Honrar a un profeta no es idolatrarlo; la idolatría es una cosa y la honra es otra.

Por eso, este capítulo se llama secretos profundos de un profeta, porque el profeta genuino sabe lo que contiene de parte del Señor, y también sabe que lo puede impartir y llevar a los demás a profundidades en el Espíritu.

Los profetas conocen secretos profundos como la comunicación con los ángeles. Los profetas siempre en lo oculto oran a Dios para que Dios les muestre los ángeles que caminan con ellos. Aún los ángeles que caminan contigo te puede mostrar su nombre.

CAPÍTULO VIII

Esto que te voy a impartir, para creerlo debes de ser un hombre profundo en el Espíritu. Comencemos a profundizar el tema de los ángeles y los profetas. Hay ángeles en tu ministerio que si Dios les da permiso pueden convertirse en ti, ir y sanar a alguien. Después te encuentras la persona y te dice: gracias por orar por mí; aquel día Dios me sanó y posiblemente tú le digas: es que yo nunca he orado por ti. No fuiste tú, fue uno de tus ángeles.

Uno de Los ángeles que camina conmigo aparecen en forma de relámpago; cuando oro en el monte a veces él aparece y siempre lo hace para hacer algo sobrenatural. Tenemos en nuestro ministerio videos donde los ángeles han operado a las personas extirpando cáncer y quistes de los senos, entre otras enfermedades.

En una ocasión tuve una experiencia donde estaba orando en el monte en la madrugada; recuerdo que comencé a hablar unas lenguas que nunca había hablado y escuché la voz de Dios que me dijo: esas lenguas llaman a ángeles. Le testifiqué a un hermano que estaba conmigo porque esto me impactó y al día siguiente mi padre espiritual me llama sin saber nada de lo que me

CAPÍTULO VIII

había pasado y comenzamos a orar por teléfono, y comencé hablar las mismas lenguas que había hablado la noche anterior en el monte; y mi padre espiritual me dice: esas lenguas llaman ángeles. Esto me impactó, como este profeta recibe la revelación de lo que me había pasado la noche anterior.

A Elías, un ángel le dio comida en el desierto; los ángeles están disponibles para trabajar con nosotros en el ministerio. Profundiza en el mundo espiritual, ora de madrugada y pídele al Señor que te muestre los ángeles que van a caminar en tu ministerio y en qué área específica operarán estos ángeles.

Otros ángeles que caminan en mi ministerio descienden con cadenas y me ayudan en momentos donde estoy operando en la liberación. Lo que te estoy escribiendo en este libro no es un cuento de hadas. Te estoy hablando experiencias reales las cuales las han visto los miembros de nuestra congregación. Han visto cómo he llamado ángeles y los endemoniados comienzan a hablar con los ángeles frente a todos. Esta dimensión está disponible para nosotros; conquístala y testificarás del misterio de los ángeles.

CAPITULO IX
Los Pastores y los Profetas

Entre los profetas y los pastores debe de haber un acercamiento muy profundo. Me voy a referir primeramente a los profetas. Cuando un profeta es maduro y ha vencido el orgullo profético, que es aquel proceso que todo profeta debe de pasar; el profeta entenderá que debe de someterse al pastor y nunca debe de ignorar dicha postura.

Tú como profeta puedes ser usado en el don de ciencia y en el don de profecía pero si tienes un pastor debes entender que el pastor carga una sabiduría dada por el Espíritu Santo y una unción para tratar contigo como profeta.

Los profetas que no se someten a los pastores, caminan en un desorden muy grande y a la misma vez están caminando en una cuerda floja.

Lo que Dios deposita en la mente del pastor no lo va a depositar en la mente del profeta, porque Dios es un Dios de orden. El pastor tiene una responsabilidad muy distinta a la del profeta. Por esto es que Dios trata con el, conforme a su llamado.

CAPÍTULO IX

LOS PASTORES Y LOS PROFETAS

Por lo general, si el profeta tiene un pastor que es profético, las cosas serán más fáciles porque un pastor profético sabe cómo conducir a un profeta. El pastor profético respeta la unción profética porque camina también en esa dimensión.

Conocí un profeta de mucha experiencia que me explicaba como su pastor terminaba de predicar y en muchas ocasiones lo miraba y le decía: profeta tiene algo?; pero también en otras ocasiones el profeta me decía que tenía mucha revelación y el pastor ni lo miraba después de predicar. Esto es normal, en este caso era un pastor que entendía al profeta pero no siempre lo usaba, y esto es algo que debemos de entender y que si está correcto, porque el pastor es la cabeza de la congregación no el profeta.

Lamentablemente en esta generación existe una gran cantidad de pastores que los considero enemigos de lo profético. El hecho de qué existan falsos profetas no quiere decir que los verdaderos no existan.

El pueblo se desenfrena cuando no hay profecía; lo profético es una llave importante en nuestras congregaciones.

CAPÍTULO IX

Lo profético revela el destino de las personas; cuando llega un incrédulo, a través del don de ciencia se le puede ministrar algo oculto de su corazón y la persona reconoce que Dios es real. Ignorar este don y menospreciarlo es algo verdaderamente grave. Así que deseo aconsejarte a ti profeta, respeta y ama a tu pastor y tu pastor respeta y ama a tu profeta.

El pastor viene siendo la cabeza principal de la congregación. Cuando el pastor rechaza lo profético afectará el mover en dicha congregación. Nosotros los pastores somos responsables en anhelar el mover profético y que Dios levante miembros que se muevan fuertemente en la unción profética.

CAPITULO X
El mundo de los Sueños

Soñar es una herramienta profética muy poderosa en un ministerio. En el mundo de los sueños por llamarlo así, acontecen cosas poderosas. Cuando no conocemos como Dios trabaja en el mundo de los sueños, notaremos que la mayoría de las personas siempre hablan de la parte negativa de los sueños; sueños con demonios, sueños de tragedias y cosas similares a estas.

Pero el mundo de los sueños es mucho más que esto. También Dios trae revelación en sueños, y es una de las maneras en la que Dios habla a sus hijos.

Te voy a dar una clave poderosa como profeta para que fluyas en la revelación en tus sueños. Hablemos primeramente de tres tipos de sueños:

- Los sueños naturales.
- Los sueños proféticos.
- Los sueños espirituales.

No voy a abundar mucho en el tema, pero daré unas pinceladas para que

CAPÍTULO X

aprendas a cuidar tus sueños. Nosotros los hijos de Dios seamos o no profetas, debemos de cuidar las cosas que observamos; recuerda que los ojos son una ventana que van directo al alma; cuando contaminas tu vista, contaminas tu alma. No podemos ver películas, series o videos que contengan escenas pornográficas o con personas con un atractivo físico que nos debilite. El Profeta es sabio y sabe lo que puede ver y lo que no. Si tus ojos están contaminados, todo tu cuerpo estará en tinieblas y comenzarás a tener sueños que te van a confundir donde te será difícil discernir si tal sueño proviene o no de Dios.

Considero, de un carácter muy serio la enseñanza acerca de los sueños y la interpretación de los mismos. Recuerdo que en mi trayectoria como ministro, escuche de hermanos que sueñan que otros hermanos de la congregación los están traicionando o los van a traicionar. Si no tienes el discernimiento y no sabes cómo interpretar sueños, posiblemente creas que lo que soñaste viene de Dios. Existen dos posibilidades: o Dios te está revelando una verdad, o tu naturaleza humana o los demonios son los que sembraron este sueño.

CAPÍTULO X

Por esto hay personas que se dejan de hablar, que dejan de confiar en un hermano porque simplemente tuvieron un sueño qué tal vez proviene del enemigo de nuestras almas y nosotros creemos que fue una advertencia que proviene de Dios.

Es una exigencia para nosotros los profetas mantener un corazón limpio y una mente sana para poder discernir lo que proviene de Dios.

Cuando tengas un sueño profundo o de esta índole de preocupación, nunca saques una conclusión sin antes pasar un largo tiempo en la presencia de Dios. El profeta maduro no saca una conclusión rápidamente sino que espera la iluminación del sueño para no cometer errores. No importa los años que tengas como profeta, ni la experiencia que tengas; nunca dejes de depender del Espíritu de Dios. Cuando Faraón tuvo los sueños, José mostró su total dependencia de Dios para interpretar dichos sueños:

Génesis 41:15-16 Y dijo Faraón a José: Yo he tenido un sueño, y no hay quien lo interprete; mas he oído decir de ti, que oyes sueños para interpretarlos. 16 Respondió José a Faraón, diciendo: No está en mí; Dios será el que dé respuesta propicia a Faraón.

CAPÍTULO X

Te voy a revelar un ejercicio que te va a llevar a una dimensión profunda en el ámbito de los sueños.

Daniel 7:1
Visión de las cuatro bestias
En el primer año de Belsasar rey de Babilonia tuvo Daniel un sueño, y visiones de su cabeza mientras estaba en su lecho; luego escribió el sueño, y relató lo principal del asunto.

Aquí hay una clave esencial para comenzar a fluir fuertemente en los sueños. Te recomiendo que te compres una libreta solamente para los sueños que comenzarás a tener a partir de hoy.

Si le prestas atención a este relato bíblico, notarás que Daniel escribió el sueño. Al Espíritu Santo le gusta cuando nosotros tomamos en serio lo que él nos habla, y una de esas maneras es escribir lo que soñamos. Esto te parecerá algo común o sencillo pero no lo es; cuando escribes tus sueños le estás diciendo al Espíritu Santo gracias por hablarme; también cuando escribes los sueños podrás pasar al segundo paso que consiste en fijarte en los detalles del sueño.

CAPÍTULO X

Una de las claves más importantes para interpretar sueños es prestarle atención a los detalles del sueño. Por esto te recomiendo que leas mucho la palabra del Señor y así comprenderás el significado de lo que sueñas.

Para que me entiendas con más claridad, te presentaré un ejemplo. Digamos que tienes un sueño donde apareces en un campo guiando las ovejas hacia un lugar y ves que en tu mano tienes un callado como los que usan los pastores. En esto que te acabo de presentar hay detalles importantes. Número uno: las ovejas; número dos: que tú las estás guiando, y número tres: que tienes un callado pastoral en la mano. Esto podría ser un sueño donde Dios te está revelando que tienes un llamado pastoral. te presento esto de una manera sencilla solamente para introducir tu alma a este conocimiento y que de ahora en adelante comiences a prestarle atención a cada detalle que aparezca en tus sueños.

Ahora que aprendiste este detalle, trata de recordar sueños que hayas tenido en el pasado y comienza a profundizar en los detalles y tal vez ahora cobren sentido. En el tomo dos de este libro posiblemente revele significados de muchos detalles que aparecen en el sagrado libro del Señor.

CAPÍTULO X

También en el mundo de los sueños existe algo conocido como sueños repetitivos; esto es cuando vuelves a tener el mismo sueño aunque de una manera distinta, pero entiendes que es el mismo sueño. Esto contiene un significado profundo; este tipo de sueños por lo general te está dejando saber que está apunto de acontecer lo que estás soñando.

A partir de ahora préstale mucha atención a tus sueños repetitivos y mantente a la expectativa porque quiere decir que algo está apunto de desatarse en tu vida.

CAPITULO XI
Secretos de los Milagros y Enfermedades

Los profetas tienen la capacidad dada por Dios de conocer misterios en el mundo espiritual acerca de los milagros y las enfermedades.

Cuando el criado de Eliseo fue escondido de él para obtener riquezas de aquella oferta que Eliseo había despreciado, algo muy profundo aconteció y quiero que le prestes atención.

2 reyes 5:19-27

19 Y él le dijo: Ve en paz. Se fue, pues, y caminó como media legua de tierra.
20 Entonces Giezi, criado de Eliseo el varón de Dios, dijo entre sí: He aquí mi señor estorbó a este sirio Naamán, no tomando de su mano las cosas que había traído. Vive Jehová, que correré yo tras él y tomaré de él alguna cosa. **21** Y siguió Giezi a Naamán; y cuando vio Naamán que venía corriendo tras él, se bajó del carro para recibirle, y dijo: ¿Va todo bien? **22** Y él dijo: Bien. Mi señor me envía a decirte: He aquí vinieron a mí en esta hora del monte de Efraín dos jóvenes de los

CAPÍTULO XI

hijos de los profetas; te ruego que les des un talento de plata, y dos vestidos nuevos. 23 Dijo Naamán: Te ruego que tomes dos talentos. Y le insistió, y ató dos talentos de plata en dos bolsas, y dos vestidos nuevos, y lo puso todo a cuestas a dos de sus criados para que lo llevasen delante de él. 24 Y así que llegó a un lugar secreto, él lo tomó de mano de ellos, y lo guardó en la casa; luego mandó a los hombres que se fuesen. 25 Y él entró, y se puso delante de su señor. Y Eliseo le dijo: ¿De dónde vienes, Giezi? Y él dijo: Tu siervo no ha ido a ninguna parte. 26 Él entonces le dijo: ¿No estaba también allí mi corazón, cuando el hombre volvió de su carro a recibirte? ¿Es tiempo de tomar plata, y de tomar vestidos, olivares, viñas, ovejas, bueyes, siervos y siervas? 27 Por tanto, la lepra de Naamán se te pegará a ti y a tu descendencia para siempre. Y salió de delante de él leproso, blanco como la nieve.

Aquí hay un secreto extremadamente profundo; existen las enfermedades físicas pero también existen espíritus que provocan enfermedades. Naamán servía a otros dioses, por ende entendemos por el Espíritu que lo que él tenía era producido por los demonios. Préstale mucha atención a lo siguiente: el criado de Eliseo conociendo la profundidad de

CAPÍTULO XI

este profeta, se atrevió a mentirle, ahora bien, la lepra que se le desapareció a Naamán quedó oculta en algún lugar en el mundo espiritual; por esto es que a veces los profetas te advierten que hay amenazas de enfermedad contra tu vida; de hecho el profeta te puede decir específicamente qué tipo de enfermedad amenaza contra tu vida. También te puede decir qué órgano será afectado. Si notamos bien, el profeta le dice la lepra de Naamán sé te pegará a ti.

El Profeta siempre tiene el oído abierto para escuchar lo que Dios quiere operar en una persona que ha pecado, ya sea que su misericordia se extienda o que el Señor ha decidido hacerlo pasar por un proceso.

También cuando vamos a orar por sanidad y milagros, debemos de tener el oído bien atento a la voz de Dios. Recuerdo en una ocasión en la ciudad de Orlando Florida, prediqué en una pequeña congregación y cuando comencé a orar por los milagros, el pastor de dicha congregación tenía una enfermedad la cual desconozco; cuando puse mis manos sobre él, el Señor me dijo: dile que no lo voy a sanar; lo miré con los ojos aguados y le dije amado pastor, el Señor me dice que no te va a sanar. A lo que el pastor respondió: yo lo sabía.

Secretos Proféticos

CAPÍTULO XI

Unos meses después, me llegó la triste noticia de qué el pastor había fallecido. Digo triste noticia humanamente hablando, pero estoy seguro que ahora el pastor está mucho mejor en la presencia de su amado Señor.

El apóstol Pablo era un hombre que caminaba en una dimensión espiritual demasiado profunda. Este apóstol fluía en lo profético de una manera extraordinaria. El apóstol Pablo tenía un don de milagros y de sanidad también poderoso, sin embargo él sabía cuando Dios quería sanar y cuando Dios no quería hacerlo.

1 Timoteo 5:23
No bebas agua solamente. Deberías tomar un poco de vino por el bien de tu estómago, ya que te enfermas muy seguido.

En este pasaje se nos revela que el apóstol Pablo entendía que no era la voluntad de Dios sanar a Timoteo, al menos en esa temporada. Las personas proféticas también pueden identificar cuando otra persona tiene fe o le falta a la hora de recibir un milagro. Veamos el siguiente pasaje.

Secretos Proféticos

CAPÍTULO XI

Hechos 14:9-10
escuchando a Pablo, quien al fijarse en él y ver que tenía fe para ser sanado, le ordenó con voz fuerte: —¡Ponte en pie y enderézate! El hombre dio un salto y empezó a caminar.

Aquí el apóstol Pablo usando el discernimiento, pudo discernir que el hombre tenía fe para recibir la sanidad. Esto a mí me acontecido en diferentes escenarios, donde no sólo he visto que las personas tienen fe para recibir sanidad, sino también he podido notar que las personas pueden recibir algún don del Espíritu Santo.

Hay veces que he llamado personas para impartirles el don de lenguas, y mientras las personas caminan hacia el altar, puedo notar la convicción y la fe de ellos para recibir dicho don. De la misma manera notarás cuando las personas caminan inseguros para recibir una impartición e incluso para recibir una palabra de parte de Dios o una sanidad divina.

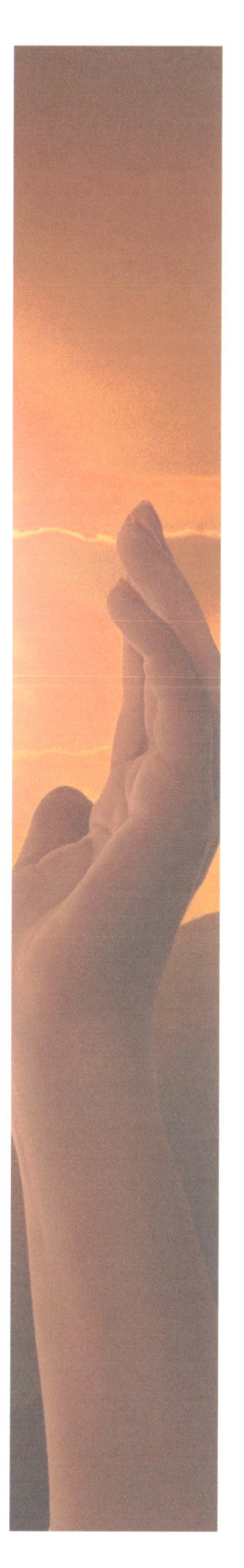

CAPITULO XII
Activando lo Profético

Para activar lo profético es necesario que analices cuál es tu perspectiva. Donde Jesús lo veían como el carpintero, pasaban pocas cosas, pero donde lo veían como Mesías llovían los milagros. Jesús estaba disponible para todos, pero no todos estaban disponibles para Jesús.

El don profético está disponible para ti, ¿lo crees?

1 Corintios 14:31-33
Nueva Versión Internacional
31 Así todos pueden profetizar por turno, para que todos reciban instrucción y aliento. 32 El don de profecía está[a] bajo el control de los profetas, 33 porque Dios no es un Dios de desorden, sino de paz. Como es costumbre en las congregaciones de los creyentes,

Aquí vemos como el apóstol Pablo corrige la conducta de los Corintios acerca de lo profético. En cada congregación hay muchas personas que pudiesen profetizar pero ellos mismos tienen una perspectiva errónea sobre el don profético.

Secretos Proféticos

CAPÍTULO XII

ACTIVANDO LO PROFÉTICO

En mi experiencia en lo profético he notado lo siguiente: todos los pastores ministros y hermanos que conozco con un comportamiento rígido hacia lo profético, les es difícil que alguien les profetice, más todas las personas que aman lo profético, a cada rato alguien les da una palabra de parte de Dios. Esto es una realidad, si menosprecias lo profético, alejarás la voz de Dios sobre tu vida. Por lo general este tipo de ministro dice que su profeta es la Biblia y por supuesto que la Biblia es la profecía más segura, pero Dios no es mudo y él desea revelarte cosas acerca de tu ministerio y tu familia, entre otras cosas más.

¿Deseas comenzar a activar lo profético de una manera profunda en tu vida?; el primer paso es amar lo profético y desechar todo lo que te habla en contra.

Otro punto importantísimo para activar lo profético es procurar andar en el Espíritu. Cuando Ezequiel fue llevado al valle de los huesos secos, fue llevado en el Espíritu, o sea todos los resultados que Ezequiel obtuvo en ese valle fue porque lo hizo en el Espíritu. Busca alguien que camine fuertemente en lo profético; ve a actividades proféticas, incluso

Secretos Proféticos

CAPÍTULO XII

te recomiendo escuelas de profetas. Lee libros de otros profetas, estudia la Biblia todos los días y cuando ayunes profundiza en los profetas de la Biblia.

Las escuelas de profetas son importantes. Muchos ministros deshonran estas escuelas por qué no entienden lo que se hace en ellas, ni por qué son tan efectivas. Así como existen institutos bíblicos y existen clases para instruirnos acerca de la predicación, pues así también existimos hombres preparados en lo profético para instruir a las personas que cargan este don tan hermoso. Incluso si eres pastor y tienes un profeta que no es maduro, pudiese dar una profecía que divida una familia o que destruya un matrimonio a causa de su falta de instrucción. Por eso es tan importante que los profetas que estén comenzando sean instruidos por aquellos que ya tienen experiencia.

En el segundo volumen de este libro voy a desarrollar un capítulo profundamente acerca de la honra; este es uno de los temas más importantes para comenzar a fluir en lo profético, pero te daré unas pinceladas: para activar lo profético debes de practicar la honra. Cuando le vas a servir a un profeta

CAPÍTULO XII

lo haces para servirle a su manto, no para servirte de su manto, ¿leíste bien?, para servirle a su manto, no para servirte del manto del profeta. Eliseo honró el manto de Elías y obtuvo una recompensa poderosa en el mundo espiritual, pero quien debió de quedarse con el manto de Eliseo, lo deshonró mintiéndole, lo que provocó que perdiera su bendición. Honra a los profetas y recompensa de profeta recibirás. No sientas vergüenza ni te sientas menos por honrar a los hombres de Dios; todo lo contrario, aquel que es servidor de todos se hace grande en el Reino de los cielos.